이토록
따뜻한
밥

김주현 글
홍선주 그림

만만한책방

삼시 세끼
밥 공부 좀 해 볼까요?

밥 공부라뇨?

이제 하다 하다 밥까지 공부하냐며 볼멘소리를 할지도 모르겠어요.

밥 공부란 말에 골치부터 지끈지끈하지 않아도 됩니다.

책상에 앉아서 하는 공부만 공부는 아니니까요.

매일 먹는 밥 안에 우리가 배워야 할 세상이 다 들어가 있다는

뜻 정도 될까요?

매일 먹는 세끼 밥.

아무것도 아닌 거 같은 밥이, 알고 보면 대단한 녀석이에요.

함께 밥 먹는 사이가 식구고, 함께 밥 나누는 사이가 이웃이죠.

밥그릇 싸움하는 데서 평화가 깨지고, 밥을 나누는 데서

평화가 옵니다.

매일매일 대하는 밥 앞에서 생각합니다.
밥을 잘 먹고, 잘 나누고, 밥에 대해 잘 생각하는 일이,
어떻게 사람들과 사이좋게 지내고, 잘 살아야 하는지 고민하는 게
아닐까, 하고요.

여기 임금의 밥상부터 아버지가 차려 준 밥상까지
아홉 가지 밥상이 차려져 있습니다.
밥상을 앞에 두고 조선의 왕도, 조선의 지식인도, 조선의 평범한
사람들도 우리와 같은 고민을 하며 살았습니다. 밥에는 관계가
담겨 있고, 노동이 담겨 있고, 권력이 담겨 있고,
평화가 담겨 있습니다.

자, 이제 밥 한 그릇씩 먹으며 이야기 나눠 볼까요?

책 속의 인물 소개

정약용

나는 정약용입니다.
여기 나와 함께 여러분에게 밥상을 차려 줄
사람들을 소개합니다. 나와 같은 시대를
살았던 사람들과 나보다 앞서 살았던
사람들이 함께 둥근 밥상에 앉았습니다.

먼저 내가 존경하는 대학자
이익 선생과 나를 아껴 주고,
나라를 위한 뜻을 함께 품은 정조
임금이 있습니다.

이익   정조

나의 친구 같은 형 정약전과
나의 둘째 아들 정학유,

정약전   정학유

김만덕

규장각에서 함께 밤새 책 만드느라 고생을 같이했던 박제가,
박제가의 스승이자 친구인 조선 후기 최고의 문장가
박지원이 있습니다.

박지원
박제가
허균

박제가와 박지원 같은 조선 후기의 실학자들이 존경했던
조선 중기의 허균 선생도 이 자리에 참여했습니다.
함께 자리한 김만덕은 제주의 상인입니다. 제주의 배고픈 사람들
밥을 챙겨 준 까닭에 정조 임금이 불러 상을 내리기도 했습니다.

나를 포함해 이렇게 아홉 사람이 밥상을 차렸습니다.
다 같이 밥상을 차렸지만, 밥상에 담아낸 것들은 다 다릅니다.
함께 둘러앉아 밥상에 무엇을 차려 놓았는지
한 그릇씩 먹어 볼까요?

차례

들어가는 글 • 2

책 속의 인물 소개 • 4

1 도둑고양이가 되지 않는 밥 • 8
이익, 도둑고양이의 생선

2 하늘 같은 밥 • 18
정조, 전복 없는 수라상

3 목숨을 살린 나눔의 밥 • 30
김만덕, 바다를 건너는 밥

4 땀 흘린 정직한 밥 • 48
정약용, 채소밭 밥상

5 서로를 생각하는 어부의 밥 • 60

정약전, 물고기 반찬

6 겸손함을 배우는 거친 밥 • 72

정학유, 나물 풍성한 밥상

7 우정으로 차린 밥 • 84

박제가, 옥소반에 흰밥

8 마음을 눌러 담은 아버지의 밥 • 96

박지원, 고추장 단지와 쇠고기 장볶이

9 상상력으로 차린 밥 • 110

허균, 기억과 기록의 밥

도움받은 책 • 122

1
이익
도둑고양이의 생선

도둑고양이가 되지 않는 밥

밥은 떳떳하게 살게 하는 힘입니다

나는 조선의 실학자예요. 어떻게 하면 백성들이 가난으로 고통받지 않고, 행복하게 살 수 있을까 궁리하는 공부를 하려고 애씁니다만, 내 힘으로 쌀 한 톨도 생산하지 못하는 선비이니 부끄럽지요. 부끄러운 밥을 먹지 않기 위해 선비인 내가 할 수 있는 일은 '절약'과 '검소'뿐이에요. 우리 집 밥상은 별로 차린 것도 없이 단출한데, 어느 날부턴가 도둑고양이가 들어서는 귀한 생선을 훔쳐 가지 않겠어요? 도둑고양이를 잡아내 생선을 찾아오고야 말겠어요. 같이 잡으러 가 볼래요?

"아니, 반찬에 발이 달려 부엌을 박차고 나갔을 일은 없을 테고, 누가 자꾸 훔쳐 먹는 거지?"

언젠가부터 부엌에 밥상을 차려 두면 상 위의 음식을 누가 슬쩍슬쩍 먹어 치우는 거예요. 누구 짓인가 보려고 부엌 바깥에서 숨죽이고 기다리니 고양이 한 마리가 구석에서 두 눈을 반짝이고 주변을 탐색하고 있더군요.

"오호라, 저 녀석이군."

고양이는 아무도 없는 걸 확인하고는 한 발 한 발 걸어 나옵니다. 그러더니 상 위에 있는 보리굴비 하나를 홱 낚아 물고 도망쳐 버리는 거예요. 어찌나 빠른지 미처 쫓을 틈도 없었습니다.

"아니, 나도 아끼고 아껴서 먹는 생선을 날름 가져가다니. 이 녀석 잡히기만 해 봐라."

생선을 날름 가져간 고양이를 보니 바득바득 미운 마음이 저절로 품어졌습니다. 그 후로 보이기만 하면 빗자루를

들고 쫓아내니 무서워서 어디 도망갔는지 한참을 보이지 않더군요. 그 뒤로 까맣게 도둑고양이 같은 건 잊고 살았어요.

"어? 저 고양이는 우리 집에 들어왔던 도둑고양이 같은데? 나를 피해 옆집으로 이사를 한 건가?"

어느 날 옆집을 지나쳐 가는데, 우리 부엌에 쥐도 새도 모르게 나타났다가는 숨어 버리던 그 도둑고양이가 따뜻한 햇볕을 쬐며 그 집 툇마루 아래서 늘어지게 자고 있는 게 아니겠어요? 옆집 사람 말을 들어 보니 그 집에 아예 터를 잡고 살고 있다 하더라고요.

그 집 가족들이 워낙 고양이를 좋아하는 터라 먹이를 줘

서 굶주리지 않게 했답니다. 그러니 숨어서 먹이를 슬쩍슬쩍 훔쳐 갈 필요가 없어졌죠. 쥐 잡는 능력도 탁월해 집 안에 쥐까지 속속 잡아 배를 불렸다는 거예요. 얼마 전까지도 도둑고양이라 불렸던 그 녀석은 이제 귀염받고 사랑받는 좋은 고양이가 되었지 뭡니까.

   나는 이것을 보고 오호라, 하고 탄식했어요. 그 도둑고양이는 필시 쥐꼬리도 찾아볼 수 없는 가난한 집에서 컸을 겁니다. 먹을 게 없으니 어슬렁어슬렁 남의 집 곳간이나 부엌에 눈독을 들였을 테고, 도둑질을 익혔겠죠. 태어날 때부터 도둑고양이란 없으니까요. 배고픔을 견디지 못하고 남의 집을 드나든 거죠. 안 그러면 살길이 없으니까요. 우리 집에 쥐가 많았다면 아마 이 고양이의 쥐 잡는 실력을 보고 감탄하여 우리도 키워 보지 않았을까 하는 생각마저 들었습니다.

 도둑고양이는 자기를 좋아해 주는 사람을 만나고서야 자기 본성을 드러내고 자기 능력을 발휘할 수 있었구나 싶었어요.

 '만약 우리 집에 들어와 도둑질하다 걸렸을 때 빗자루로 때려 잡았으면 어땠을까? 그럼 저 고양이는 그저 도둑고양이로 한 생을 마치지 않았을까? 지금처럼 주인에게 사랑받으며 쥐 잘 잡는 능력 있는 고양이로 칭찬받아 보지도 못하고 말이지.'

 혼자 생각을 하다 보니 중국의 학자 맹자가 한 말이 떠올랐어요.

  사람은 먹고 살 안정된 재산이 없으면 떳떳한 마음

을 가질 수 없다. 진실로 떳떳한 마음이 없으면 나쁜 마음을 갖기 쉬운데, 잘못을 저지른 뒤에 처벌하기만 한다면 이것은 백성을 그물로 잡는 것이다.

일정하게 먹고살 만한 생업이 없으면 사람이 지니고 있어야 할 안정된 착한 마음이 없어진다는 말입니다.

내가 살고 있는 조선의 백성들 삶도 도둑고양이 같았어요. 도둑으로 내몰릴 수밖에 없을 정도로 가난한 백성들이 길에 가득했습니다. 백성들이 일 년 내내 부지런히 일해도 이런저런 세금으로 양반들이 뺏어 가고 나라에서 가져가지요. 그러니 일을 해도 늘 배가 고파 도둑고양이처럼 도둑이 되어야 먹고살 수 있는 형편이었답니다.

나는 도둑고양이 이야기를 백성들을 보살펴야 할 높은 사람들에게 말해 주고 싶었어요. 정치는 나라 살림을 하는 거예요. 백성들이 두루두루 잘 살도록 보살피는 거지요.

다시 한번 맹자의 이야기를 빌려 볼게요.

'백성을 보호한다'는 것은 자기가 좋아하는 것을 백성에게도 주어 백성이 모이게 하는 것이고, 자기가 싫어하는 것을 백성에게 강요하지 않는 것이라 했습니다. 집집마다 돌아다니면서 재물을 보태어 주라는 게 아니에요. 사람들은 저마다 자기 나름의 지혜와 힘과 재주가 있으니 괴롭히지만 않으면 자기 힘으로 밭을 갈고, 우물을 파서 먹고사는 길을 마련하기에 충분하다는 거죠.

배고파 먹을 것을 훔치다 쫓겨만 다니던 고양이가 자기를 보호해 준 이웃집에 가서는 자기 능력을 발휘해 스스로 쥐를 잡아먹으며 살았던 것처럼요.

비록 대단한 음식은 아니어도 떳떳하게 먹고살 수 있는 밥이면 돼요. 온 가족이 떳떳이 먹고살 수 있는 밥이 있다면 맹자 선생의 말처럼 우리 마음에 떳떳하고 착한 씨앗이 잘 자랄 테니까요.

2 정조
전복 없는 수라상

하늘 같은 밥

밥은 백성이고 하늘입니다

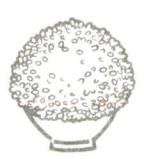

　나는 왕입니다. 나라 최고의 자리죠. 조선 팔도의 귀한 음식이 밥상에 차려집니다. 마음만 먹으면 멀리 중국에서 구해 온 귀한 음식들을 날마다 먹을 수 있는 자리기도 합니다. 곰 발바닥이요? 아무렴요, 제아무리 진기한 음식도 언제든 상에 올리라 할 수 있는 자리죠. 그러나 내게 진기한 음식은 그리 대단한 게 못 됩니다. 오히려 온 백성이 나를 위해 보내 준 곡식과 반찬으로 차려 준 매일 먹는 밥상이 내겐 특별한 밥상입니다.

　어디 임금 밥상에 함께 둘러앉아 보겠어요?

수라상을 받습니다. 수라상에는 미역국, 곰탕, 고기찜, 생선찜, 전골, 깍두기, 배추김치, 고기전, 익힌 나물, 나물무침, 채소 장아찌, 포, 자반, 튀각 등이 골고루 올라와 있습니다. 흰쌀밥과 팥밥이 있고요. 쌀은 경기도의 햅쌀, 미역은 함경도, 멧돼지는 충청도, 은어는 강원도에서 올라왔고, 김은 경상도, 송이버섯은 개성에서 올라온 것입니다. 조선 팔도가 밥상에 올라오지요. 백성들이 차려 준 밥상입니다. 그런데 밥상 앞에 앉은 나는 영 숟가락을 뜨지 못했습니다.

"이렇게 차려 준 정성들은 고맙지만, 오늘은 내가 젓가락을 대고픈 마음이 없구나."

"전하, 어찌 그러십니까. 반찬이 입에 안 맞으십니까?"

"아닐세, 아닐세. 이리 맛난 음식을 앞에 두고 반찬 투정을 하다니, 그건 말도 안 되는 소리지. 다만 내가 오늘 하루를 돌아보니 썩 개운치가 않네. 하루를 잘 보내야 저녁 밥상

에서도 젓가락질이 신이 나는 법인데, 오늘은 한 것이 없는 듯싶으니 미안한 마음이 들어서 밥맛도 나지 않네."

　가만히 밥상을 내려다봅니다. 밥상을 받을 때면 오늘 백성들이 차려 준 밥상을 받을 만한가 생각합니다. 어떤 날은 '그래, 오늘은 이만하면 밥 먹을 만하지 않나' 싶다가도, 어떤 날은 밥숟갈이 천근만근 무겁습니다. 나라 다스리는 일이 뜻대로 되지 않는 날이 더 많으니까요. 모두 한마음이 된다면 좋겠지만, 서로 자기주장을 내세우고, 자기 몫을 내세우며 싸우기에 임금 노릇도 쉽지 않습니다. 무거운 숙제를 해결하지 못한 날은 밥 먹기가 더 부끄러워요.

　그래도 차려 준 밥상인데 그냥 물릴 수 없어 겨우 물에 밥을 말아 몇 숟갈 떴습니다.

　"이제 물리거라. 아니다, 잠깐 두어라."

　물리려다 다시 숟가락을 들어 밥그릇 안에 남은 밥톨을 싹싹 숟가락으로 긁어 먹습니다.

임금이 상을 물리면 그 상을 받아 아랫사람들이 식사를 합니다. 아무리 임금이 먹던 음식이지만 물에 말았던 밥알까지 먹기는 싫지 않겠어요? 그러니 물에 만 밥은 싹싹 다 먹은 뒤 상을 물린 거지요. 상을 물리자 신하가 묻습니다.

"내일은 입맛이 돌게 전복을 올릴까요?"

신하는 물에 밥 말아 먹은 것이 먹을 만한 반찬이 없어 그런 줄 알았나 봅니다.

백성의 살림이 풍족하여 임금의 밥상에 전복이 올라온다면 참으로 기쁜 일이지만, 백성의 살림이 어려운데 임금 밥상에만 전복이 올라와 있으면 무엇하겠습니까.

"매번 전복 따는 고통을 생각하면 어찌 전복 먹을 생각이 나겠는가. 앞으로는 음식을 이리 많이 차리지 말거라. 입에 맞는 음식 한 그릇이면 충분하다."

평상시 입는 의복은 무명과 모시로 지어 여러 번 빨아서 입고, 수라상의 음식은 네댓 그릇이면 돼요.

팔도에서 백성들이 수고하여 올린 음식으로 차려진 밥상을 받아 들 때마다 귀 기울여요. 밥상에 올라온 음식들이 이렇게 말하는 듯합니다. 부디 이 하늘 같은 밥 잘 드시고, 백성을 하늘처럼 잘 받들라고.

그렇다고 내가 나랏일을 부지런히 하는 신하들에게까지 인색한 것은 아닙니다. 신하들에게 내리는 밥상은 상다리가 휘어지게 차려 주지요.

특히 규장각에서 일하는 신하들은 고생이 많습니다. 책을 편찬하고 교정하느라 밤늦도록 일하는데, 늦은 밤까지 일할 때면 저녁밥은 각자 집에서 싸 들고 오는 도시락으로 때워야 했죠. 그래서 고생하는 신하들을 위해 가끔 음식 선물을 보냅니다. 청빈한 선비들 입에서도 침이 한가득 돌 만한 상으로 말이지요.

어느 겨울, 규장각 문풍지로 황소바람이 들이치고 산더미처럼 쌓인 작업은 줄어들 기미가 안 보여 고단해질 때

쯤, 신하를 시켜 규장각 사람들에게 넌지시 한마디 건네라 합니다.

"오늘 저녁은 배불리 들지 마시오."

이렇게 스윽 한마디 던지고 가면 책만 들이파고 있던 규장각 신하들은 서로 눈동자를 마주치며 즐거운 기색을 숨기지 못합니다. 책을 교정하느라 눈이 빠질 듯하고, 앉아서 종일 책을 보느라 허리가 끊어질 듯하고, 햇볕 한 점 보지 못해 누렇게 뜬 얼굴에 금세 화색이 돌고 말아요.

저녁을 배불리 먹지 말고 있어라 하는 말은 임금인 내가 한 상 차려 주겠다는 소리거든요. 집에서 날마다 보내오는 도시락이래야 늘 그 밥에 그 나물이죠. 이런 날은 기운 좀 내라고, 몸보신 좀 하라고 맛있는 음식을 보냅니다.

밤이 되면 열 장정이 상을 떠메고 갑니다. 빨간 대추와 꿀을 넣은 송편, 곶감과 기름 간장에 잰 마른 전복, 멧돼지 요리, 거기에 말린 넙치와 고등어까지, 먹기도 전에 눈이

황홀하여 침이 고이는 상을 받으면 "우아!" 하고 여기저기서 탄성이 절로 나옵니다.

임금이 먹는 밥상에는 네댓 가지 반찬이면 충분하지만, 평소에 잘 먹지 못하는 신하들을 위해서라면 아낌없이 차려 줄 수 있습니다. 소박한 임금의 밥상이나, 잔칫상 같은 신하들의 밥상이나 모두 백성이 차려 준 밥상입니다. 모두 다 하늘 같은 밥 먹고, 하늘 같은 백성을 잘 섬기라는 뜻으로요.

돌아보고 또 돌아보며 조심하지 않으면 스스로 괴물처럼 변해 버리는 것이 권력이에요. 평화롭게 하라고 준 힘을 자기 입과 배만 위해 쓸 때 힘은 무서운 괴물이 돼 버리지요.

나는 날마다 스스로 경계하려 합니다. 그런 까닭에 매일 일기도 씁니다. 스스로 조심하여 밥 잘 먹고, 잘 섬기려 합니다. 밥심으로요.

3

김만덕
바다를 건너는 밥

목숨을 살린 나눔의 밥

밥은 나눔입니다

　나는 제주에서 태어난 김만덕이야. 여자는 섬 밖으로 나갈 수 없다는 법 때문에 평생을 바다 건너 육지를 그리워만 하며 살았지. 장사에 재주가 있어 산처럼 재물을 모았어도, 바다에 띄울 배를 수십 척 살 수는 있어도, 섬 밖으로 나가질 못했어. 나는 그게 너무 답답하고 억울한 거야. 그런데 언젠가 섬에 큰 흉년이 들어 섬사람들이 모두 굶어 죽게 생겼지 뭐야. 이때다 싶어 내가 모은 재물로 많은 곡식을 사들여 밥을 나눴지. 그랬더니 내가 섬 밖으로 나갈 수 있게 됐어. 내게 바닷길을 열어 준 기적의 밥, 같이 먹어 볼래?

"엄마, 엄마는 섬 밖에 나가 봤어?"
"아니. 못 나가 봤지. 왜? 나가 보고 싶어?"
"응. 나는 크면 꼭 섬 밖으로 나갈 거야."
"섬 밖에? 여자가 어떻게 섬 밖으로 나가."
"왜? 왜 여자는 못 나가? 아버지는 배 타고 나가잖아."
"여자는 섬에서 못 나가게 돼 있어. 옛날부터 그렇게 정해져 있어."

옛날부터 그래, 원래 그래, 나는 이런 말이 언제나 이해가 되지 않았어. 원래 그렇다는 게 어떤 거야? 누가 정한 건데? 어린 나는 섬 밖에는 어떤 세상이 있을까 궁금했어. 하지만 아무리 궁금해도 섬 바깥으로 한 발짝도 나갈 수 없는 제주 섬 소녀였어. 아버지가 배를 타고 육지로 나가 물건을 떼 와 팔 때면 육지 이야기를 듣는 게 가장 즐거웠어. 출렁출렁 배를 타고 나가는 아버지 뒷모습을 사라질 때까지 바라보면서 아버지가 돌아올 날만 목이 빠져라 기다녔으니까.

하지만 내가 열한 살 되던 해, 아버지는 그 뱃길로 다시 돌아오지 않았어. 그날 바다는 무척 화가 나 있었고, 바다 위에 배들은 종잇조각처럼 풀풀 날아다녔어. 아버지가 풍랑에 휩쓸려 돌아가시고 이듬해엔 어머니까지 충격으로 세상을 떠났지. 나는 바다가 미웠고 무서웠어. 우리 가족을 휩쓸어 간 바다를 보고 싶지 않았지. 하지만 눈뜨면 보이는 게 바다인 섬에서 날마다 아빠 생각, 엄마 생각이 났어.

나는 오빠 둘과 함께 외삼촌 집에 맡겨졌어. 조금만 먹는데도 눈치가 보였어. 사촌 형제들이 잘못했는데도, 내가 혼이 나야 하는 날들도 많았지. 없는 살림에 우리 세 남매까지 얹혔으니 예쁜 짓을 해도 예쁘지 않았을 거야.

"만덕아, 너 여기 말고 좋은 집에 가서 살래?"

"네? 좋은 집요? 어디요?"

"맛있는 밥 매일 먹을 수 있는 집이야."

"싫어요. 난 오빠들이랑 여기 살래요."

"네가 싫어도 이미 가기로 정해졌다. 우리 살림이 워낙 가난하니 어쩌겠냐. 가서 일 도와 드리고 맛있는 밥 배불리 먹고. 또 아니? 글도 배우고, 예쁜 옷도 입을 수 있을는지. 미안하다, 만덕아."

외삼촌은 마당만 서성였고, 외숙모는 빨랫감을 개며 눈도 못 마주치며 얘기했어. 결국 나는 남의 집으로 일을 가게 됐어. 제주 관아의 기생 하녀로 들어갔는데, 부지런히 일을 잘하면 칭찬받고 예쁨받으니 마음은 편하더라고. 밥도 많이 먹을 수 있었고 말이야. 나는 정말 부지런히 일하고 시키지 않은 일도 눈치껏 척척 알아서 했어. 여기서마저 쫓겨나면 난 정말 갈 데가 없었으니까.

"눈치도 빠르고, 몸도 민첩하고, 한번 들은 것도 잘 기억하고, 목소리도 좋구나. 내가 글을 가르쳐 주마."

"글이요?"

나를 데려가 일을 시켰던 관아의 기생은 내게 글과 소리를 가르쳐 줬어. 글을 배우게 되다니. 하나씩 읽을 줄 아는 글자가 늘어날수록 나는 먹지 않아도 배가 부른 듯했어.

어느 날은 바닷가에 나가 쪼그리고 앉아 바다를 바라봤어. 아버지를 삼킨 바다는 커다란 입을 벌린 채 나를 가로막고 있는 괴물처럼 보였어. 바다 밖으로 나가지 못하게 길을 막고 선 괴물 말이야. 따뜻한 햇볕을 받으며 그 괴물을 가만가만 바라보고 있었지. 그런데 평온한 바다는 괴물이라고 하기엔 너무 아름다웠어. 햇볕이 넘실대는 물결 위로 쏟아지면 나는 한 번도 가 보지 못한 바다 너머가 그리워서 마음이 아프기까지 했어. 바다 너머엔 뭐가 있을까? 바다 너머엔 지금 내가 사는 세상과 다른 세상이 있을까?

나는 노래를 배우고, 시도 지을 줄 알게 되고, 악기도 다룰 수 있는 멋진 여자가 되었다고 생각했지만, 내 신분은 관기, 관의 기생일 뿐이었어. 원래 신분인 양인에서 관의 노비로 일하러 오면서 바뀌게 된 거지. 제주라는 섬에 사는 관기는 아주아주 천한 신분으로 살아야 한다는 뜻이었어. 게다가 제주의 여자는 육지로 나갈 수 없는 법까지 있었으니까.

'이 바다로 배가 드나들고, 물건이 드나들고, 사람이 드나드는데, 나만 못 가는구나. 물길이 있는데, 나는 못 지나가는구나.'

그런 생각을 하다가 갑자기 벌떡 일어났어.

'그래, 나는 못 나가지만 이 물길 위로 물건은 드나들지, 남자도 드나들 수 있고. 비록 나는 못 나가지만, 바다를 달리며 물건을 실어 나르고 사고파는 남자들처럼 나도 장사를 해야겠다.'

그런 생각이 들자 머릿속에서는 생각이 비단처럼 계속 펼쳐지는 거야.

'나에게는 흔하지만 다른 사람들에게는 귀한 것을 팔면 이익을 남길 수 있지. 그게 장사 아닌가? 더 좋은 가격에, 얼마나 좋은 물건을 얻어 내느냐, 그것만 잘하면 되는 거 아닌가?'

왠지 나는 장사를 잘할 수 있을 거 같았어.

"여자가 장사를? 그것도 관기가? 하, 참 장사를 개나 소나 하는 줄 알아."

여기저기 코웃음을 치는 소리가 귓전을 때렸지. 뭐 쉽지 않을 건 알았어. 쉬우면 재미없지 않겠어? 우선 관가 문턱이 닳도록 찾아가 내 원래 신분인 양인으로 신분을 바꾸기 위해 온갖 애를 다 썼어. 끈질긴 노력 끝에 양인으로 신분을 바꾼 뒤 포구 언덕에 객주 하나를 얻었어. 그동안 부지런히 모아 둔 돈으로 섬을 드나드는 사람들이 밥을 먹는 객주를 얻어 장사를 시작한 거야.

객주에서는 밥만 파는 게 아니라 육지에서 건너온 물건

을 팔기도 하고, 제주에서만 나는 물건을 육지로 가는 사람들에게 팔기도 했어. 제주의 말총, 미역, 전복, 굴 등과 같은 물건들은 육지에서는 때론 돈을 주고도 구하지 못하는 귀한 것이었어.

물건을 주는 사람들에게 좋은 가격을 주고 최고로 좋은 물건을 가져왔지. 제때 돈을 줘서 신용도 얻었어. 처음엔 여자라고 미더워하지 못하고 물건을 주려 하지 않던 사람들도 시간이 지나고, 신뢰가 쌓이면서 누구보다 나에게 좋은 물건을 주기 시작했지. 좋은 물건은 확보했으니 이제는 물건을 더 잘 팔 방법을 생각했어.

"장사란 자고로 좋은 물건을 파는 것뿐 아니라, 빠른 시간에 물건을 대는 것이 중요하지. 그렇다면 시간을 줄여야 해. 말을 타고 이동하는 시간을 줄이고 강경까지 물건을 배로 운반해야겠어."

조카에게 말하니 단박에 예상한 대답이 나왔지.

"아유, 누가 몰라 여태 안 했겠어요? 물길이 워낙 험하잖아요. 배가 홀라당 뒤집힐 수도 있어요."

"험한 길을 뚫고 가야지. 안 그러면 다른 장사치들과 다를 게 뭐가 있겠어?"

똑같이 장사하면 어떻게 더 잘할 수가 있겠어? 물길이 험하지만 강경까지 배로 직접 물건을 운반했어. 많은 물건을 빨리 배달할 수 있으니 싼값에 더 많이 팔 수 있었어. 막상 일을 해 보니 내가 장사에 재주가 있더라고. 해 보지 않으면 내가 무엇에 재주가 있는지 모르잖아. 부딪쳐 봐야 자기가 잘하는 걸 알 수 있는데, 나는 장사에 재주가 있었고, 재미도 있었어. 무엇보다 사람들에게 신뢰를 쌓아 가니 일은 술술 풀렸지. 그렇게 열한 살 눈칫밥을 먹던 여자아이가 제주에서 손꼽는 큰 부자가 됐어.

"아이고, 집에 돈을 쌓아 놓고 산다던데, 그 재물은 다 어디다 쓸 거야?"

"저승 갈 때 이고 지고 갈 건가? 하하, 나도 한번 그 돈방석에 앉아 봤으면 싶네."

사람들은 나한테 돈을 벌기만 하면 뭐할 거냐고 물었어. 돈? 쓰려면 제대로 써야지. 다행히 돈을 제대로 쓸 일이 생겼지.

1792년부터 1795년까지 제주도에는 흉년이 계속되었어. 한 해만 흉년이 들어도 먹고살기 힘든 게 백성들 삶인데, 흉년이 네 해 동안 이어졌으니 섬사람들 삶은 끔찍하게 고통스러웠지. 태풍까지 불어닥쳐 섬을 바닷물이 쓸고 갔어.

굶어 죽는 사람 수가 많아지니 나라에 도움을 청했고, 정조 임금님은 1795년 2월 제주도 사람들을 구휼하기 위해 구호 곡물 1만 1천 석을 보냈어. 나라에서 보낸 구휼미가 온다고 모두들 바다에 나가 배가 오기만을 기다리고 있었지.

그렇게 애타게 기다리던 날, 내가 열한 살 때 그랬던 것처럼 바다는 다시 괴물로 변했어. 곡물을 싣고 오던 배 중 다섯 척을 삼켜 버리고 만 거야. 나라에서 식량이 오기만을 기다리던 섬사람들은 목을 놓아 울었어. 겨우 버티게 해 준 희망이 눈앞에서 끊어져 버렸으니까.

그때 난 고민할 것도 없이 쌓아 두었던 재물을 풀었지. 재물을 풀어 구할 수 있는 만큼 곡식을 사들여 굶어 죽어 가는 섬사람들과 함께 밥을 지어 먹었어.

그런데 이 사실이 정조 임금님 귀에까지 들어갔던 거야. 임금님이 내게 상을 주고 싶어 하셨어. 나의 백성들을 살려 주어 고맙다고. 임금님의 백성이기도 하지만, 내가 사는 섬의 가족들이고 이웃들이기도 한데, 상은 무슨 상인가 싶었지. 그래도 내게 소원이 무엇이냐 물으시더라고. 내가 무슨 소원을 말했을까?

"소원이 하나 있습니다. 금강산 구경을 하는 것입니다."

내 평생소원이었으니까. 섬 밖으로 나가 땅을 밟는 것.

여자라는 이유로 육지에 갈 수 없다는 법을 깨고, 남자들도 한평생 구경하기 어렵다는 금강산을 밟아 보는 것.

정조 임금님은 흔쾌히 내 소원을 들어주셨어. 제주도에서 한양으로, 금강산으로 가는 길에 있는 모든 관아에서 내 여행길이 편안하도록 도와주었지. 정조 임금님의 어머니 혜경궁 홍씨를 뵈었는데, "네가 여자의 몸으로 굶주린 수많은 백성을 의롭게 구했다니 참으로 기특하다."며 후한 상까지 내려 주셨어.

꿈길 같은 금강산 여행을 마치고 나는 나의 섬 제주로 왔어. 때로 괴물처럼 변신하는 바닷길이 들어오는 길에는 폭신한 융단처럼 나를 태워 줬어.

섬에 도착하니 나와 밥을 나눈 사람들이 나를 두 팔 벌려 반겨 줬어. 따뜻한 밥 한 끼를 차려 놓고 나를 맞아 주었지.

밥은 함께 먹어야 맛있지. 여행은 어땠냐, 한양은 어떠

하더냐, 금강산은 정말 기가 막히게 아름답더냐 등 쏟아지는 물음에 밥이 입으로 들어가는지 코로 들어가는지 알 수는 없었지만 말이야.

4

정약용
채소밭 밥상

땀 흘린 정직한 밥

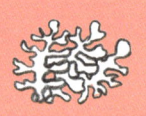

밥은 정직함입니다

　자기 힘으로 떳떳하고 정직하게 땀 흘려 먹고사는 일은 기쁘고 자랑스러운 일이에요. 정조 임금의 총애를 받으며 18세기 멋진 조선을 만들어 가는 일에 앞장섰던 나는 천주교 박해 시절 긴 유배의 길을 떠나요. 온 집안이 풍비박산이 난 채 유배지로 와서 좌절과 서글픔 속에 있었지요. 그러다 채소밭 가꾸기를 시작해요. 공부만 하던 내게 이 작은 텃밭 가꾸기는 깊은 수렁 같던 우울함을 떨치게 하는 데 큰 힘이 됐어요. 다산초당에서 채소밭을 가꾸며 땅에서 얻은 푸성귀로 차린 밥상, 자랑스러운 내 밥상입니다.

"아이야, 내 볼 한번 꼬집어 봐라."
"볼이요?"
"그래, 아주 꽉 꼬집어 보렴."
"이렇게요?"
"아니아니, 더 세게."
"요렇게요?"
"에구구, 하하하. 꿈은 아니네. 꿈은 아니야."

누가 이사 왔나 궁금해서 기웃거리던 마을 아이에게 내 볼을 꼬집어 보라 했어요. 꿈인가, 생시인가 알아보려고요. 아프더라고요. 벙긋 웃었습니다. 드디어 내 채소밭을 가꾸게 됐습니다.

유배 8년 만인 1809년 봄, 다산초당으로 살 곳을 옮겼어요. 여기저기 얹혀살다가 조그마해도 내 공간이라고 있으니 어찌나 설레는지. 비록 남의 땅이지만 연못을 파고 축대를 쌓고 채소밭 가꾸는 일에 힘쓰려고요. 남들이 보기엔 비탈진 곳에 있는 손바닥만 한, '이깟' 채소밭입니다.

이깟 채소밭 갖기를 8년 동안 꿈꿨어요. 날마다 가꾸고 돌볼 채소밭 하나 갖는 것 말입니다. 반듯하고 평평한 땅이라면 더할 나위 없이 좋겠지만, 비탈이어도 좋습니다.

처음 유배 왔을 때 얹혀 지내던 주막의 봉놋방에서부터 채소밭 하나 가꿨으면 했어요. 꽃과 채소 심기를 꿈꾸는 일은 언감생심인 줄 알면서도요. 겨우 바람 막고 비 피할 수 있고, 등 붙이고 잘 수 있는 곳이 있는 것만으로도 다행인 시간들이었죠.

이웃집에서 밭 매는 것을 한참씩 보며 부러워했어요. 채소밭을 볼 때면 마음이 편해졌습니다. 밥 한 술 목구멍에 넘길 수 없이 고통스러운 날에도 그저 채소밭의 푸성귀들을 보면 숨 쉴 수 있을 거 같았으니까요. 아무것도 할 수 없는 죄인의 몸이지만 작은 채소밭이라도 가꾸어서 반찬거리와 국거리는 해결하면 좋겠다 싶었지요.

'푸릇한 푸성귀들을 심고, 한 켠에는 약초를 심어야지. 주위에 대나무를 둘러도 좋겠지.'

다리 뻗으면 꽉 차는 좁은 방에 누워 만날만날 머릿속으로 채소밭을 어떻게 가꿀까 그려 보았어요. 허리를 구부리고 묵묵히 일하는 농부처럼 온몸이 흠씬 땀에 젖도록 일을 하면 마음의 괴로움에서 벗어날 수 있을 듯했으니까요. 그래서 소망했습니다. 손바닥만 한 밭이라도 내 손으로 갈 수 있기를.

그렇게 품고만 있던 꿈의 채소밭이 8년 만에 생긴 거예요. 기쁘지 않겠어요? 신이 나도 아주 단단히 신이 나서 다산초당에 온 첫날은 여기저기를 뛰듯이 걸어 다녔습니다.

"비탈진 곳이니 돌계단을 쌓아야겠지. 아홉 단이면 되겠어. 아홉 단의 돌계단을 쌓고, 층마다 무와 부추, 늦파와 이른 배추, 쑥갓 등 갖가지 채소를 심어야겠다. 한양 집 정원에 심었던 꽃들도 심었으면 좋겠지만, 그건 차차 심기로 하자. 우선 밥상에 올릴 채소부터 내 손으로 장만해야 하니까. 텃밭에 물을 대려면 못을 넓게 파고 산 위 샘물을 끌어와야겠어. 울타리 대신 대나무와 버드나무를 심을까? 하하."

나는 신이 나서 중얼중얼 혼잣말을 하면서 비탈길을 둘러봤어요. 채소밭을 어떻게 꾸밀까 곰곰이 생각하느라 끼니 거른 것도 잊고 말이에요.

씨앗을 심고, 모종을 심기 시작했어요. 무와 부추, 늦파와 이른 배추, 쑥갓, 가지, 아욱, 겨자, 상추, 토란 등 갖가지 채소를 심었답니다. 씨앗을 심고 흙은 너무 두껍지도, 너무 얇지도 않게 덮어 줘요. 씨앗 두께의 두세 배를 덮어 주고 촉촉이 물을 뿌렸어요.

"부슬부슬 흙아, 씨앗을 품어 주렴. 하루, 이틀, 사흘…… 흙의 품에서 따뜻한 온기를 입은 씨앗이 온 힘을 다해 싹을 틔우겠지. 보들보들 흙아, 뿌리를 감싸 주렴. 하

루, 이틀, 사흘…… 흙 속에 뿌리가 깊이깊이 뻗으면서 힘차게 줄기가 솟아오르겠지."

이제 씨앗은 흙의 품에서 따뜻한 온기를 입고 온 힘을 다해 싹을 틔울 겁니다. 흙 속에 뿌리가 깊이깊이 뻗으면서 힘차게 줄기가 솟아오르겠지요. 오물오물 햇볕을 먹고, 바람을 쐬어 가며 쑥쑥 자라 가겠지요.

며칠 뒤에는 못을 넓게 파고 산 위 샘물을 홈통으로 이어 끌어오고, 대나무와 버드나무를 울타리 대신 둘렀습니다. 그저 비탈진 땅일 뿐이었는데, 씨앗이며 푸릇푸릇한 모종을 다 심어 놓고 보니 어찌나 마음이 환해지던지요. 오랜만에 기쁨이 넘칩니다.

못가에 당귀, 작약, 모란을 심었습니다. 꽃이 화려하고 아름다운 모란과 꽃송이가 크고 우아한 작약, 눈꽃처럼 하얀 당귀가 은은한 향을 내며 탐스럽게 피어나겠지요. 꽃만 아름다운가요, 뿌리는 약으로도 쓸 수 있습니다. 홀로 쓸

쓸히 아플 때, 든든한 의원이 돼 줄 겁니다.

  연못 위편은 바닷가에서 주워 온 큰 돌들로 꾸몄어요. 황량하던 집 주변에 생기가 돌기 시작했어요. 흙냄새를 한참 맞으며 몸을 움직이다 보면 이마에 땀이 송글 맺혀요. 마음은 오랫동안 못 닦은 이를 닦은 듯 개운해졌습니다.

  채소밭 일을 끝내고 돌아와 책상에 앉습니다. 아들들에게 편지를 써야겠어요. 편지를 쓰는 일은 아이들 마음에 씨앗을 심는 일과 같습니다. 나는 너희를 사랑한다는 마음을 전하는 씨앗이요. 씨앗을 심듯 한 자 한 자 정성껏 편지를 써 봅니다.

>   채소밭을 가꿀 때는 땅을 잘 고르고 이랑을 바르게 하는 일이 중요하단다. 흙은 가늘게 부수고 깊게 갈아 고운 가루처럼 부드러워야 하지. 씨앗은 고르게 뿌리고, 모종은 성글게 심어야 한단다. 아욱 한 이랑, 배추 한 이랑, 무 한 이랑씩 심어 두고, 가지나 고추도 따로

따로 구분하여 심으렴. 마늘이나 파 심는 일에도 힘쓸 것이고, 미나리도 심을 만한 채소란다. 아, 그리고 한여름 농사로는 참외가 좋단다.

비록 몸은 멀리 떨어져 있으나 아들들과 채소밭을 가꾸기에 서로 대화할 것들이 생겼어요. 내가 이것저것 심어 보고 키워 보면서 의견을 주기도 하고, 아이들이 자신들이 어떤 작물들을 심어 보니 어떻더라는 의견을 주기도 하죠. 이렇게 멀리 몸이 떨어져 있으면 아무것도 나눌 수 있는 것이 없을 줄 알았는데, 채소밭 일을 하고서는 할 이야기가 늘 두둑해졌어요.

채소밭을 가꾸며 나는 위로를 받고 힘을 얻어요. 끊임없이 몸을 놀려 무엇인가를 하고 있지만 마음은 한가롭기까지 합니다. 채소밭을 가꾸면서 삶의 기쁨과 평온을 조금씩 끌어 올릴 수 있으니 이것이 복이지요.

처음 유배 왔을 적에는 항상 마음이 울적하고 갑갑했거든요. 다행히 다산초당에서 살게 된 뒤로 안개와 노을을 구경하고 꽃과 나무를 즐기면서 귀양살이의 시름을 훨훨 잊게 되었어요. 두렵고 불안한 생각이 꿈틀거릴 틈 없이 땀 흘리고, 서럽고 우울한 감정이 북받쳐 올라올 겨를 없이 연못가의 꽃과 나무를 손봅니다. 그럴 때면 돌덩이처럼 무겁던 마음이 편안해지고 몸은 한결 가벼워져요. 비록 밥상에 올라오는 건 채소뿐이지만 말이죠.

하지만 그거 알아요? 향긋한 채소도 때맞춰 배불리 먹으면, 병들어 고깃국을 먹는 것보다 나은 일입니다. 스스로 즐기고 스스로 만족하며, 근심도, 두려움도 없이 사는 것, 이것을 나는 큰 지혜, 큰 복이라고 생각해요.

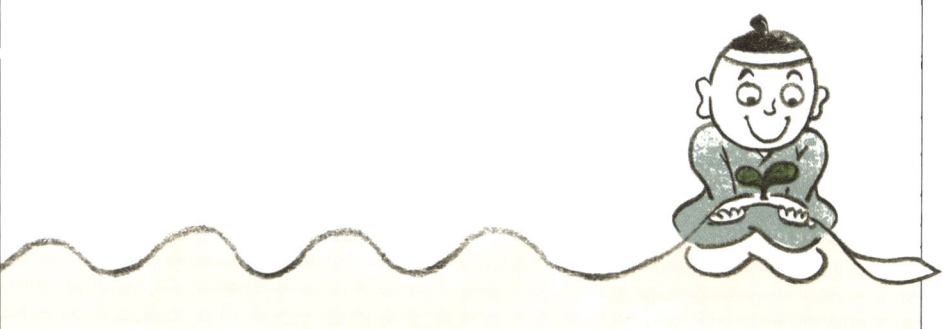

5

정약전
물고기 반찬

서로를 생각하는 어부의 밥

밥은 안녕하는 인사입니다

"밥은 먹었니?" "식사하셨어요?"

이게 옛날 어른들 인사법이야. 나는 이 인사가 좋아. 밥은 먹었는지, 배는 안 고픈지 챙겨 주는 마음, 그거 엄마 마음이잖아. 서로 간에 그렇게 따뜻한 인사를 나눌 수 있는 가족이며 친구, 이웃이 있다는 건 얼마나 고마운 일이야. 아무도 아는 사람 없는 컴컴한 바닷가에 유배 온 나는 이 인사가 얼마나 고마운지 사무치게 알지. 처음에는 생김새처럼 거친 줄만 알았던 섬사람들이랑 물고기 반찬이 가득한 밥상을 사이에 두고 친해졌어. 외로운 나에게 친구를 만들어 준 물고기 반찬 한번 맛볼래?

어려울 때 곁에 있는 사람이 진짜 내 친구고, 내 이웃이야. 내가 어려움에 처해 보니, 그 말이 참말인 줄 알겠더라.

지금 내 이웃은 내가 유배 온 흑산도 사람들이야. 유배 온 내가 밥은 챙겨 먹는지, 먹을 건 있는지 걱정해 주고, 나와 함께 밥을 먹는 고마운 사람들이니까.

처음 흑산도에 와서는 정말 뭘 먹고살아야 하나 눈앞이 깜깜하더라고. 한 몇 년 음식이 입에 안 맞아 고생했어. 고기라고는 생선으로 젓갈을 담은 것이고, 보리를 삶아 밥을 지으니 이게 죽인지 밥인지 알 수가 없었지. 비위가 좋고, 술이든 밥이든 잘 먹는 나도 낯선 음식을 목구멍에 넘기는 게 고역이었어. 어찌나 못 먹었는지 몸이 점점 야위어서 살갗이 처진 박쥐 날개 같았어. 그래도 끼니를 챙겨 주는 섬사람들을 생각해서 싫은 내색을 안 하려고 맛있다, 맛있다 하면서 먹었지. 자기들이 늘 먹는 음식 앞에서, 인상 찡

그리고, 못 먹겠다 손사래 젓는 사람이 어디 반갑겠어? 나는 여기 얼마나 살아야 할지 모르는 사람이니, 섬사람들과 밥 먹는 것에서부터 친해져야 했으니까.

그래도 복어는 도저히 목구멍에 넘어가지 않더라고. 치명적인 독을 품은 녀석이라 날름 먹을 생각이 안 드는 거야. 대바늘 같은 걸 꽂고 있는 성게는 또 어떻고? 그걸 먹는다고 생각하니, 보는 것만으로도 목구멍에 가시가 걸린 듯 소름이 끼쳤지. 그런데 이게 세상에 둘도 없이 보드랍고 달콤한 음식인 줄은 몰랐지. 날로 먹기도 하고 구워 먹기도 하는 보라성게와 말똥성게를 먹어 본 순간, 아하, 내가 먹을 복 하나는 있구나 했어. 조금씩 섬에 익숙해지고, 사람들에 익숙해지니 바다가 얼마나 넉넉히 사람에게 밥상을 차려 주는지 알았지.

특히 숭어가 아주 맛있었어. 고기 맛이 달고 깊어서 물고기 중에서 최고지. 잡는 데 특별히 정해진 시기는 없지만 음력 3~4월에 알을 낳기 때문에 이때에 그물로 잡는 경우가 많아. 뻘이나 흐린 물이 아니면 가까이 다가가기조차 힘들어서 흑산 바다에 가끔 나타나지만 잡기가 진짜 힘들어. 헤엄은 어찌나 잘 치고, 눈치는 어찌나 빠른지 물 위로 뛰어오르기도 잘하는데, 사람의 그림자만 비쳐도 급히 피해 달아나지.

　새처럼 하늘을 나는 날치, 본 적 있어? 몸은 둥글고 새처럼 날개가 있는데 푸르고 선명한 색이야. 한번 날개를 펼치면 수십 걸음을 날 수 있어. 무리를 지어 물 위를 날아오를 때면 정말 새 떼로 착각할 만해. 맛은 매우 담박한데, 그다지 맛있지는 않아.

어부들이 밤에 그물을 쳐 놓고 햇불을 밝혀 놓으면, 무리지어 날아와 그물에 걸리게 되지. 그럼 작살을 이용해 물고기를 잡아.

정말 맛있는 생선이라면 준치가 있어. '썩어도 준치'라는 말이 있거든. 준치가 얼마나 맛있으면 썩어도 준치는 준치라는 거야. 준치는 몸은 좁고 비늘이 굵고 가시가 많아. 원래 맛있는 물고기가 잡기 힘들거나 먹기 힘들거나 그래. 등은 푸르고 맛이 달고 개운하지.

강력한 무기를 장착한 복어는 처음에는 무서워서 젓가락도 못 댔어. 생긴 건 뭐 유순한 편이야. 빛깔은 순백색이고, 큰 놈은 붉은빛이 돌지. 맛은? 달아. 복어 살맛이 참

달아. 그러니 독이 있다 해도 사람들이 먹을 수 있는 방법을 찾아내서 먹는 거야. 그물로 잡거나 장마철에 냇물이 넘칠 때 물을 따라 거슬러 올라오는 놈을 잡지. 복어는 놀라거나 적의 공격을 받으면 물이나 공기를 배 속으로 빨아들여 몸을 불룩하게 부풀려. '나 무섭지?' 하는 거야.

  나는 이곳에 와서 매일매일 바다를 연구하고 바닷속 생물들과 물고기를 연구하고 있는데, 공부도 부쩍 쌓였지만, 먹을 줄 아는 음식도 꽤 많아졌어. 바다가 내 도서관이자 밥상이 된 거야. 무엇보다 함께 밥 먹는 사람, 흑산도의 이웃이 함께 밥을 먹으니 밥맛이 좋지.

  나는 흑산도 섬사람들과도 어울려 아주 잘 지내고 있어. 섬사람들이 바다 바람에 얼굴이 거칠어지고 검어져서 그렇지, 마음은 보드랍고 순박했어. 나도 한양 양반이라고 거만하게 굴지 않도록 조심했고 말이야. 나중에는 서로 자기 집에 있어 달라고 조를 만큼 친해졌지.

물론 처음에 왔을 때는 아주 칼바람이 쌩쌩 불었어. 사람들 눈에서도 성게 몸에 꽂힌 대바늘만 한 가시가 나와서 나를 찌를 듯했거든. 누군들 유배 온 죄인이 좋을 리 없으니까. 유배객이 오면 섬사람들이 먹여 살려야 했거든. 가난한 살림에 뭍에서 온 사람, 그것도 죄인으로 유배되어 온 사람이 숟가락 하나 얻는 일은 쉬운 게 아니지. 게다가 주로 유배지에 귀양 오는 신분은 양반이 많았는데, 뼛속까지 양반들이다 보니 천한 어부들과는 어울려 지내지도 않았을 테니까. 그러니 섬사람들 입장에서는 반가울 일이 없는 거야.

 나도 공부만 하며 지낸 약골인지라 처음엔 하루도 못 지낼 것 같더라고, 하루 이틀, 내가 얼마나 여기 살아야 할지 모르니 마음 단단히 먹자, 생각하니 그리 무섭던 섬도 푸근해 보였어. 무엇보다 사람들과 잘 사귀어야겠다 싶었지.

 사람들과 친해지려면 당연히 같이 밥상을 두고 앉아야

해. 당신들 먹는 걸 나도 먹고, 같이 냠냠, 쩝쩝거리다가 껄껄 웃으면서 친해지는 거지.

 그렇게 어부의 밥상에 둘러앉아 우리가 밥을 함께 먹은 햇수가 쌓이고 쌓이면서 우리 사이도 다정해졌어. 내게 밥 한 끼 챙겨 주는 사람. 그의 지위가 무엇이든, 그의 처지가 무엇이든, 그 고마움을 깊이 새겨. 나와 밥 먹는 사람들이 지금 내 이웃이고, 친구고, 스승이니까.

 우리는 아침이건 점심이건 저녁이건 만나면 묻지.

 "식사는 하셨어요?"

 서로의 끼니를 챙겨 주는 사람이 있어 참 좋아. 이 인사가 참 따뜻해서 좋아.

6

정학유
나물 풍성한 밥상

겸손함을 배우는 거친 밥

　내 아버지 존함은 정 약자 용자야. 수원화성 건축 총책임자셨고, 백성들을 어떻게 보살펴야 하는지를 세밀하게 쓴 〈목민심서〉나 〈경세유표〉와 같은 뛰어난 책을 쓴 분이시지. 그렇게 대단한 분이지만 내 나이 열네 살에 유배를 떠나서서 18년 동안 유배지에 꼼짝없이 묶여 계셔야 하기도 했어. 어릴 때 아버지와 함께 밥을 먹은 횟수를 손가락으로 꼽아 볼 정도야. 대신 우리는 편지로 생각과 마음을 나눴지. 아버지는 항상 나에게 거친 나물 맛을 아는 사람이 되라고 하셨어. 거친 나물 맛이 뭐냐고? 내 거친 밥 같이 먹어 볼래?

　　너는 열 살 전에는 몸이 약해서 병치레가 많았단다. 그런데 듣자 하니 요즈음은 뼈마디와 힘줄이 단단하고 씩씩해지고, 정신력도 강해져서 거친 음식도 잘 먹고, 고생스러운 일도 잘 참는다고 들었다. 내가 들은 소식 중 가장 기뻐할 만한 일이다. 정신력이란 독서를 하고 자기 행동을 바르게 하고, 집안을 다스리는 모든 일에 가장 중요한 바탕이란다. 정신력에서 근면함과 민첩함도 생기고, 지혜도 생기며 업적도 나오는 것이니, 마음을 굳건하게 세우고 한결같이 앞을 향해 나아간다면 태산이라도 옮길 수 있는 것이다.

　편지에 담긴 아버지 칭찬에 종일 기분이 좋아. 아버지 편지에는 매번 국화 심는 얘기나 농사 얘기, 아니면 공부는 어찌어찌 꼭 해야 한다는 훈계만 있었는데, 모처럼 칭찬을 들으니 기분이 좋을밖에.

　아버지 말처럼 어릴 때 나는 멸치같이 마르고 비리비리했던 모양이야. 아버지가 멀리 유배 가시고 형과 내가 어머니를 모시고 가정을 책임져야 하다 보니, 숨어 있던 힘이 불끈 솟은 것인지, 내가 보기에도 몸도 단단해지고 밥도 가리지 않고 잘 먹고 있어.

밥상에는 거친 나물뿐이야. 아버지가 집안을 챙겨 주시던 때라면 만날 거친 나물만 올라온다고 밥투정을 한 바가지 쏟았을 텐데, 지금은 그렇지 못해. 형과 내가 우리 집 밥상을 책임져야 하니 닭도 기르고, 밭에 뽕나무며 국화도 심어서 생계를 이어 가지. 힘든 일을 하다 보니 거친 밥도 잘 먹고 웬만한 고생스러운 일도 잘 견뎌. 아버지는 그게 기쁘신 모양이야. 유약한 둘째 아들이라 늘 걱정만 했는데, 씩씩하고 남자다워진 모습이 기특하셨는지 '가장 기뻐할 일'이라고 하셨으니까.

아버지는 남자란 모름지기 맹수같이 사나운 기상이 있어야 한다고 하셨어. 목마른 말이 물을 향해 달리는 기상, 그런 기상이 있어야 대장부의 삶을 살 수 있다고 말이야.

다행히 우리 가족에게 닥친 이 힘든 시기는 우리 형제가 그런 기상을 키울 수 있는 시간이라고도 하셨지.

　사람들은 우리를 '폐족'이라 불러. 가문이 다 망했다는 거지. 아버지와 큰아버지, 그리고 작은아버지며 일가친척의 많은 분들이 서학을 공부하고 천주교를 믿었다는 이유로 온 집안이 풍비박산이 났어. 그러나 아버지는 우리 형제에게 편지를 써서 늘 일깨우셔. 비록 폐족이나 그렇기에 더욱 독서에 힘써야 한다고. 아무런 어려움도 없이 자란 사람들은 가질 수 없는 금같이 단련된 정신을 우리는 가질 수 있다고 말이야.

　다 맞는 말이지. 다 맞는 말이야. 그런데도 아버지가 긴 긴 편지를 보내셔서 우리에게 요즘 공부는 어떠하냐, 책은 읽고 있느냐, 공부를 하고 있으면서도 궁금한 것을 왜 물어보지 않느냐 하고 다그치실 때면 답답하기도 해. 아버지는 어떤 경우에도 흐트러짐이 없는 분이야. 그런 분이시니

  험한 유배지에서도 우리에게만은 아픈 기색, 힘든 기색 하나 보이지 않으시고, 곁에 계시듯 공부할 것들을 일러 주시지. 하지만 아무리 좋은 소리, 아무리 바른 소리라도 때로 답답하지 않았겠어?

  아버지가 계시지 않아 형과 내가 닭이든 병아리든 키워서 먹고살아 보려고 기를 쓰는데, 무슨 공부를 하라는 건지 답답했지. 원망과 답답함으로 견뎌 내야 했던 시간도 있었어. 그런데 아버지를 직접 뵙고 와서야 나는 아버지를 조금 더 알게 되었어.

  내 나이 열네 살에 유배지로 떠나신 아버지를 스물두 살이 되어서야 뵈러 갔어. 그때 내 모습을 본 아버지는 이게 누구신지? 하는 표정이셨어.

  "눈언저리는 내 아들 같기도 한데 수염은 딴사람 같구나. 집 편지를 지니고 왔으니 네가 내 아들 학유인가 싶은데, 너무 자라서 내 아들인지 확실히 믿기지가 않구나."

아들을 보고도 아들인지 의심을 하셨다니까. 아버지도 너무 달라져 있으셨어. 편지 속에서는 늘 너무나 반듯하셔서 때론 섭섭한 마음에 투정도 부렸지만, 8년 만에 만난 아버지는 몹시 쇠약해 있었고, 몹시 늙어 있었고, 몹시 외로워 보였어. 내 뼈마디와 힘줄이 단단해졌다면 아버지의 뼈마디와 힘줄은 한없이 약해져 있었어.

아버지의 조그마해진 몸을 보며 눈이 붉어지는 것을 참아야만 했지. 내가 울면 아버지 마음이 아프실 테니까.

아버지와 밥상을 마주한 것도 8년 만이었어. 다산초당에 아버지가 기르시는 채소밭에서 푸성귀를 뜯어 와 차린 밥상이었지.

"봐라. 이 어여쁜 것들이 내가 기른 것들이다. 이 녀석들이 쑥쑥 자라 주어 내 곁을 지켜 주니 유배지에 와서 나를 괴롭히던 울적함이 사라지더구나. 먹어 보아라."

아버지와 나는 다정히 마주 앉아 상추쌈을 동그랗게 싸

서 우물우물 맛있게 먹었어.

"동그랗게 상추쌈을 싸 먹으면 입안 가득 푸짐함이 느껴진다. 겨우 푸성귀 하나지만 둥글게 싼 상추쌈 하나로 입을 속이는 거지. 세상에 속여도 되는 것은 아무것도 없다. 그런데 딱 한 가지 속여도 되는 것이 있으니 자기 입이다."

비록 거친 채소 쌈이지만 푸짐함으로 입을 속인다는 거야. 아주 잘 차려 먹은 것처럼. 등심이나 청어 같은 맛있는 음식이 왜 먹고 싶지 않겠어. 하지만 아버지 말씀대로 그런 음식을 먹으면서도 마음에 평안이 있다면 좋겠지만, 만약 좋은 음식을 먹기는 하나 마음이 평안하지 못한 삶이라면 차라리 거친 음식이 낫다고 생각해.

내가 공부한 〈논어〉라는 책에 이런 글이 있어.

> 나물밥을 먹고, 물을 마시고, 팔을 베고 누웠어도, 즐거움이 그 안에 있으니, 의롭지 못한 부귀는 나에게 뜬구름과 같다.

　아버지는 나물밥은 가난한 자만 먹는 것이 아니고, 사대부도 반드시 나물 맛을 알아야 한다고 말씀하셨어. 나물 맛이 뭐냐고?

　다산초당 계시면서 〈목민심서〉를 쓰고 계셨는데, 그 책에는 백성들을 다스리는 사람들이 반드시 마음에 새겨서 지켜야 할 것들을 담으셨어. 백성들의 근심 걱정을 이해하려면 백성들이 매일 먹는 거친 나물 음식을 똑같이 먹고 살아 봐야 한다는 거야.

　아버지는 우리가 나물 맛을 아는 사람이 되길 바라서. 어려움도 모르고, 거친 밥맛도 모른 채 꿩 기름이나 곰 발바닥 같은 음식으로 우리의 정신이 흐리멍덩해지는 걸 바라지 않으셨으니까.

　예전에는 입안 꺼끌꺼끌한 나물 밥상, 거친 밥상이 싫었는데, 이젠 괜찮아. 흐리멍덩한 정신보다는 대장부의 기상을 갖고 살아가는 편이 훨씬 즐거울 테니 말이야.

7

박제가
옥소반에 흰밥

우정으로 차린 밥

　나는 덩그러니 놓여 있는 찬밥 같은 신세입니다. 첫째 부인이 아닌 둘째, 셋째 부인에게 낳은 자식을 서자라 하지요. 조선 시대 서자란 그냥 존재 자체가 부끄러운 자식으로 여겨졌습니다. 찬밥 신세로 눈칫밥을 먹으며 살았던 내게 어느 날 누군가 따뜻한 밥을 차려 줬습니다. 내 평생 기억에 남는 가장 따뜻한 밥입니다. 혹시 찬밥 신세에 눈칫밥 먹고 있는 친구가 있다면 같이 와서 이 따뜻한 밥 한 그릇 나눠 먹어 볼까요?

"서자인 주제에……."

말꼬리마다 따라붙습니다. 어느 집 자식이라고 대놓고 말하지도 못하고, 그저 숨어 지내듯 지내야 하는 게 서자들의 삶이었어요. 세상에 내놓기 부끄러운 자식이니까요. 그러나 안타깝게도 쥐 죽은 듯이 살기에는 내 심장은 너무 뜨거웠습니다. 세상을 향해 달려 보고도 싶고, 가슴에 차곡차곡 쌓이는 답답함에 소리도 질러 보고 싶고, 내가 가진 재능을 세상에 펼쳐 보이고도 싶었어요.

내 목소리로 노래하며 내 몸으로 춤추면서 말이죠. 그런데 자꾸 조용히 있으라고, 구석에 숨은 듯 있으라고, 모나게 굴지 말라고 하는 소리에 나는 마음속에 쌓인 답답함을 수백 장 수천 장의 글로 쓸 뿐이었어요.

"아버지, 종이요, 종이."

"아니, 요 녀석, 벌써 다 썼느냐? 무얼 그리 적는지 보자꾸나."

어릴 적 아버지가 집에 들르실 때면 가져다주시는 종이가 나에게 유일한 낙이었습니다. 쓰고, 또 쓰고, 그리고 또 그리고. 세상으로 달려 나가지 못하는 대신 종이 위에 내 세상을 그려 나갔습니다. 그마저 내 나이 열한 살, 아버지가 돌아가신 뒤에는 모든 것이 끊겨 어머니와 나는 깊은 가난 속을 쓸고 다녔습니다.

장사나 농사일도 제대로 할 수 없는 서자인 나는 어떻게 살아야 하나 고민하며 그저 글을 쓸 뿐이었어요. 글을 쓰는 일은 나를 버티게 해 주었으니까요.

그렇게 쓰고 또 쓴 종이 뭉치들을 품에 안고 길을 나섰어요. 열여덟의 내가 찾아가는 길, 연암 박지원 선생의 집이었습니다. 비장하게 종이 뭉치를 품고 나섰던 걸음은 선생의 집이 가까워 오자 그만 슬그머니 주춤대기 시작했어요.

연암 선생은 나보다 열세 살이나 윗사람인 데다, 조선에서 최고의 문장가로 이름을 날리고 있었습니다. 그런 연암

선생에게 직접 쓴 글을 보여 주겠노라고 위풍당당하게 종이 뭉치를 끼고 가던 걸음은 연암 선생의 집이 보이자 얼어붙은 듯했어요.

"왜 이리 떨리는 거냐. 다리가 후들거려서 도저히 걸을 수가 없네."

미리 찾아뵙겠노라 말씀을 드려 놓았으나 갑자기 직접 만난다 하니 간이 오그라드는 듯했어요. 크게 심호흡을 하고 어린 종에게 선생을 뵙고자 한다 전했어요. 곧이어 서둘러 옷을 차려입고 나온 연암 선생은 내 손을 잡고 환한 웃음을 지으며 맞아 주었습니다. 그 환한 웃음에도 긴장이 다 풀리지 않은 나는 방 안에 들어가자마자 품에 안고 온 종이 뭉치를 꺼내 보였어요. 그동안 내가 써 온 글들이었습니다. 대문장가의 눈에 얼마나 형편없어 보일지 모르지만, 냉철한 비판이어도 좋으니 뭐라 이야기를 해 주길 기대했습니다. 비판은 그래도 거들떠는 본다는 거니까요. 비판할 가치라도 있다는 거니까요.

연암 선생은 내게 소리 내어 글을 읽게 했어요. 방 안에는 우리 둘뿐이고, 글 읽는 소리만이 댕글댕글 가득 퍼졌습니다. 연암 선생은 귀 기울이고 있었습니다. 귀 기울이고 있다는 것을 나는 알 수 있었어요. 내 글 읽는 소리가 벽이나 천장, 방바닥에 부딪쳐 튕겨 나오지 않고, 누군가의 귀로 가만가만 흘러 들어가고 있다는 것을요. 나는 그것만으로 인정받고 있는 기분이 들었어요.

내가 글을 다 읽었을 때, 연암 선생은 지그시 나를 보았어요. 따뜻한 눈빛으로 웃었고, 갑자기 일어나더니 부엌으로 갔어요. 서걱서걱 쌀 씻는 소리가 나고 달가닥달가닥 그릇이며 솥단지 꺼내는 소리가 나더니 이내 조용해졌습니다. 조금 시간이 흐르니 방 안에는 밥 끓는 냄새가 퍼져 나오기 시작했습니다.

밥 끓는 냄새. 냄새를 맡은 내 배 속은 깽깽거리는 강아

지처럼 요란한 소리를 내기 시작했어요. 연암 선생을 뵈러 온다고 하도 긴장해서 밥도 제대로 못 먹고 왔거든요. 나는 이 밥 끓는 냄새가 좋습니다. 이불을 덮은 듯 따뜻해지는 냄새. 쌀이 떨어져 허기진 날, 이웃집에서 나는 밥 냄새에 홀려 스르륵 들어갈 뻔한 적도 있었습니다.

얼마 뒤 연암 선생이 두 손에 옥소반을 들고 들어왔습니다. 옥소반 위에는 흰 사발에 흰밥이 가득 담겨 있었어요. 하얀 눈이 소복 내린 듯이 그득한 밥을 멍하니 쳐다봤어요.

"뭐 해요, 들지 않고. 그대의 글은 아주 훌륭했어요. 내가 반했습니다. 그러니 이렇게 손수 밥을 지어 주지요. 맛있게 먹어요."

오랜만에 먹는 흰밥, 거칠거칠하지 않고 보들보들한 흰밥인데 삼킬 때마다 울컥거려 목구멍으로 잘 넘어가지 않았습니다. 내게 손수 밥을 지어 주고 내게 칭찬을 아끼지 않는 따뜻한 대접에 기쁨이 솟구치기보다는 눈물이 솟구

칠 뻔했습니다. 아무도 거들떠보지 않던 내게, 두 팔 벌리고 안아 주는 연암 선생은 낯설었습니다. 낯설었으나 뭉클했고, 어색했으나 좋았습니다.

　열여덟, 나를 환대해 주는 밥 한 끼와 함께 나는 연암 선생과 스승과 제자를 넘어 친구 사이가 되어 갔습니다. 그렇게 우리 우정의 시작은 따뜻한 밥 한 끼에서 시작되었지요. 엄청난 밥을 함께 먹으며 더 단단한 우정의 탑을 쌓아 갔답니다.

8

박지원
고추장 단지와
쇠고기 장볶이

마음을 눌러 담은 아버지의 밥

밥은 부모의 사랑입니다

　내가 〈열하일기〉〈양반전〉〈허생전〉 등을 썼지. 내가 글 좀 잘 쓰는 걸로 유명하지만 나에 대해 사람들이 잘 모르는 게 있는 거 같아서 말이야. 내가 글만 쓸 줄 아는 게 아니라, 섬세하게 요리도 좀 잘한다는 사실, 알고는 있나? 나는 부엌에 종종 들어가 음식을 했거든. 친구한테 직접 밥을 지어 주기도 했고, 아이들을 위한 음식을 만들러 부엌에 들어가기도 했지. 내가 부엌에 들어가서 만든 음식이 뭔 줄 알아? 자그마치 고추장이야, 고추장! 자식들에게 주려고 직접 담근 거야. 맨날 밥은 어머니 사랑이라고 하는데, 아버지 사랑도 밥에 담겨 있다는 걸 좀 보여 주지. 내가 담근 고추장 맛 좀 보겠어?

문밖에 산더미 같은 문서를 읽고 있는 지방 관리인 형방이 있고, 곁에는 아이종이 붓을 들고 앉아 있어. 형방이 아침부터 문서를 줄줄 읽어 대는 소리가 오늘따라 귀를 따갑게 때리지. 나는 귀가 따가운 건지 가려운 건지 귀를 후비며 말했어.

"마침 딱 좋은 글귀가 떠올랐는데, 문서는 나중에 좀 읽어 주면 안 되겠느냐?"

"듣고 서명하실 문서가 오늘 내로 끝낼 수 없을 만큼 수두룩합니다요."

아이종은 얄밉게도 이미 먹에 붓을 적시고 종이 귀퉁이를 잡은 채 보채듯 서 있어. 빨리 서명이나 하라는 거지. 문서의 글을 다 듣고 한 장 한 장 서명을 하고 나니 머릿속에 기가 막히게 떠올랐던 좋은 글귀가 저 멀리 산중턱에 걸려 버렸어.

"문서, 문서, 또 문서. 도대체 무슨 문서가 이리도 많단 말이냐?"

　일할 게 너무 많았지. 지방 수령이 되고 나니, 아침에 눈 뜨면 잔뜩 쌓인 문서와 함께 시작해.

　난 말이지, 〈열하일기〉〈양반전〉〈허생전〉〈호질〉 등 재밌는 이야기들을 많이 쓴 사람이란 말이야. 그냥 재밌는 글이나 쓰며 사는 게 딱 좋은데, 어쩌다 내 머리가 허옇게 된 나이에 지방 고을 수령 자리에 오게 됐어. 내가 과거 시험도 안 보고 평생 관직과는 거리가 멀게 살았거든. 가난한 선비로 사는 일이 배는 고프지만 한없이 자유롭게 살았지. 그런데 늙어서 지방 수령으로 일을 하게 되니 배고픈 날은 없어졌지만 처리해야 할 문서가 산더미고 골치 아픈 일도 줄을 이었지. 자유롭자니 배가 고프고, 배부르려니 골치가 아파.

　문서를 하나씩 처리할 때마다 주름이 하나씩 더 늘어 가고 있지. 늙은이 얼굴에 주름 펴질 날이 없구나, 싶을 때

관아의 하인이 편지를 들고 쿵쾅거리며 달려왔어. 또 무슨 문서인가 해서 찡그리고 봤더니 한양에 있는 아들이 보낸 편지야.

"아니, 무슨 편진데, 그리 벙글벙글 웃음꽃이 한가득이십니까?"

"하하하, 손주가 태어났네. 박씨 가문에 손주가 태어났어."

손주 녀석이 태어났다는 편지에 나는 신이 나서 소리쳤지. '응애응애' 우는 소리가 종이에 가득한 거야. 이 세상에 이보다 즐거운 일이 어디 있겠어? 문서를 처리하느라 생긴 이마 주름이 단번에 활짝 펴지는 것 같더라고.

"어떻게 생겼는고? 아비를 닮아 눈매가 총명한가, 어미를 닮아 머리 모양이 동글동글 고운가? 궁금하다, 궁금해."

아기 얼굴이 삼삼하게 그려졌지만, 한양까지 갈 시간을 낼 수는 없고 계속 편지만 받아 볼 뿐이었지. 하얀 종이

에 먹으로 쓴 글로 어찌 꽃보다 예쁜 아기 얼굴을 담아내겠어? 그저 아기가 잘 크고 있다, 아기가 똘망똘망 야무지다, 뭐 이렇게만 써 보내니 어찌나 답답한지. 붓을 들어 내가 편지를 썼어.

"태어난 아이가 얼굴이 예쁘다 했지? 점점 여물어져 간다고 했는데, 도대체 이마가 넓다든지 툭 튀어나왔다든지 모가 졌다든지, 정수리가 평평하다든지 둥글다든지 하는 식으로 왜 일일이 적어 보내지 않는 거냐? 궁금하다, 궁금해."

자세히 적어 보내지 않고, 그저 예쁘다, 귀엽다고만 하면 어떡해. 손가락은 꼬물거리는지, 배는 볼록한지, 웃을 때 보조개는 들어가는지 궁금한 게 수두룩한데 말이야. 글은 말이야 섬세하게 관찰해서 써야 해. 특징을 잘 잡아서 살아 있듯 표현해야 글맛이 제대로 나거든. 편지도 마찬가지란 말이야. 내 자식들인데 어떻게 이렇게 편지를 심심하

게 쓴 거지? 아니잖아. 참나. 답답한 마음에 편지를 쓰고는 장독대에 가 봤지. 얼마 전에 자식들에게 보낼 고추장을 만들어 놓았는데, 맛이 잘 들었나 몰라.

"음, 고추장 맛이 제대로 들었군. 아가를 보느라 며늘 아가도 정신없을 텐데, 아들 내외가 먹을 만한 입맛 도는 반찬이 뭐가 있을까. 그래, 쇠고기 장볶이가 좋겠지? 두고두고 먹을 수 있으니 말이지."

귀한 쇠고기로 장볶이를 만들고, 가을 내내 잘 말려 두었던 곶감도 싸고, 고기를 떠서 말린 포도 한지에 곱게 포장을 했어. 그리고 또 몇 자 편지를 적었지.

고추장 작은 단지 하나를 보내니 사랑방에 두고 밥 먹을 때마다 먹으면 좋을 게다. 내가 손수 담근 건데 아직 푹 익지는 않았다. 보내는 물건 포 세 첩, 곶감 두 첩, 장볶이 한 상자, 고추장 한 단지.

"아내가 손주 낳은 것을 알면 함박꽃처럼 환하게 웃을 텐데……."

갑자기 하늘나라에 먼저 간 아내가 생각나더라고. 손주 낳은 줄 알면 한달음에 달려가 미역국도 끓여 주고, 맛있는 반찬도 만들어 줬을 텐데, 아내가 곁에 없으니 아버지인 나라도 아이들을 위해 반찬을 만들어 보내야지.

나, 조선의 남자, 호랑이만큼 덩치 큰 남자가 요리도 잘해. 나 어릴 때 어머니랑 할머니는 부엌 근처에도 얼씬 못하게 했거든. 부엌에 들어가면 고추 떨어진다고 말이야. 맛있는 냄새가 솔솔 나는 부엌에서 달그락달그락하는 소리며, 착착착 음식 써는 소리가 날 때면 나는 그게 여간 궁금하지 않았단 말이지. 요리라는 게 글 쓰는 것과 비슷하거든. 재료를 요리조리 볶고 끓이고 데치고 삶아서 다양한 요리를 만들어 내잖아. 글 쓰는 거 좋아하는 내가 요리도 좋아하는 건 어쩌면 운명 같은 건지도 몰라. 그러니 틈날 때마다 도둑고양이처럼 몰래 들어가 보곤 했지. 고추 떨어질까 봐 고추를 꼭 붙들고 말이야. 지금도 고추장 정도는 직접 담글 만큼 음식 좀 하지. 아이들을 위해 고추장을 담그면서 얼마나 신났는 줄 알아? 어때, 내가 좀 다정한 아버지지? 어쨌거나 할 일이 태산 같은데, 아가가 보고 싶어 일이 손에 잘 잡히지 않더라고. 일을 하다가 마당을 거닐며 생각하지.

'이제 뒤집기를 하려나? 배를 밀며 온 방을 쓸고 다니겠지? 우는 목소리는 얼마나 우렁찰고?'

자꾸 생각하다 보니, 더 보고 싶은 거야. 소식도 잘 안 전해 주니 섭섭한 마음도 들고 말이야. 그래서 이렇게 편지를 썼지.

  쇠고기 장볶이는 잘 받아서 아침저녁 반찬으로 먹고 있는 게냐? 왜 맛있다, 없다 말이 없는 게냐? 보낸 고추

장은 내가 직접 담근 건데 괜찮으면 계속 보내 주고 아니면 보내지 않으마.

내 덩치에 속이 너무 좁아 보이나? 덩치 크다고 마음도 넓은 건 아니지. 그리고 아무리 마음 넓어도 삐칠 일은 다 삐치지. 안 그런 척, 아버지가 돼서 삐쳤다 할 수 없으니 말 안 하는 거뿐이야. 마음을 몰라주면 나이 백 살이 돼도 다 삐치거든.

날마다 손주가 보고 싶고, 자식들 생각에 직접 고추장이며 반찬을 만들어 보내는데, 뭐 맛이 있다, 없다, 말이 없잖아. 섭섭하고, 섭섭해. 그런데 또 섭섭하다고 말하기는 겸연쩍어서 편지에는 맛이 어떠냐? 맛이 없으면 안 보낼 테니, 말 좀 해 봐라, 하고 심통 난 마음을 은근히 드러낸 거야.

부모와 자식 사이에도 마음을 표현해야 하거든. 당연히

차려 주는 밥이라 생각하고, 맛이 있어도 시큰둥, 맛이 없어도 시큰둥하면 부모도 섭섭하긴 마찬가지란 말이지. 맛있다고 말 한마디 해 주면 그저 그만인데.

  부모가 맛있는 음식을 해 주면 "이거 정말 맛있네요." 한마디 해 줄 수 없겠나? 그 말 한마디에 아주 신이 나거든. 그게 밥 차려 주는 즐거움 아니겠어? 안 그래?

9

허균
기억과 기록의 밥

상상력으로 차린 밥

밥은 기억의 창고입니다

　난 책을 어마어마하게 좋아하는데, 책만큼 좋아한 게 맛있는 음식이었어. 조선 팔도의 음식은 먹어 보지 않은 것이 없을 정도였거든. 그런데 내가 정치적인 일에 관여돼서 유배지로 쫓겨나게 되었지. 세상에서 가장 화려한 밥상만 받아먹다가 갑자기 먹을 게 없어 손가락만 빠는 신세가 된 거야. 그렇다고 불쌍하게 있을 내가 아니지. 이럴 때야말로 상상력이 필요한 법이거든. 내가 먹었던 모든 최고의 음식을 하나씩 떠올려 가며 글로 기록해 밥상 위에 하나씩 올려놓는 거야. 머릿속에서 하나씩 맛보면 입 속에서도 맛이 느껴질 정도거든. 한번 같이 먹어 보겠나?

나는 명문가에서 태어나 어릴 때부터 각 지방의 음식이 선물로 많이 들어왔어. 어려서부터 갖가지 산해진미를 다 맛보았지. 내가 커서 관직에 나갔을 때는 팔도 여러 지방에 부임해서 그곳에서 가장 맛있다는 음식은 빼놓지 않고 먹었지. 그러니 내 혀 위에 조선 팔도가 다 담긴 셈이야.

그런데 평생 잘 먹고 잘살 줄 알았는데, 사람 일을 누가 알겠어. 복잡한 정치 상황 속에서 마흔두 살에 전라북도 익산으로 유배를 떠나게 되지. 유배지에서 산다는 건 여태 내가 먹어 본 다양한 음식 대신 유배지에서 나고 자라는 음식만 먹을 수 있다는 거고, 그것도 허름하기 짝이 없는 음식들을 먹어야 한다는 거야. 어쨌거나 나는 죄인이니까 말이야.

쌀겨마저도 부족하여 밥상에 오르는 것은 생선이나 감자, 들미나리 들이었고, 그것도 끼니마다 먹지 못하여 굶주린 배로 밤을 지새울 때가 많았지. 그럴 때면 천장을 보

며 지난날 먹었던 음식들을 떠올려. 먹는 게 넘쳐서 상에 차려진 산해진미도 먹기 싫어하던 때를 말이야. 그러고는 꼴딱 침을 삼키지.

　내가 최고의 음식들을 안 먹어 봤으면 모르는데, 내 혀가 맛을 알잖아. 그러니까 맛없는 음식을 먹을 때마다 더 괴롭고 불행하더라고. 이렇게 살 순 없다 싶었지.

　여태 내가 먹었던 모든 음식이 내 머릿속 음식 창고에 담겨 있으니, 그걸 꺼내 보자는 생각이 들었어. 머릿속에 들어 있는 음식들을 하나씩 글로 기록하다 보면 마치 종이 위에 화려한 밥상을 차리듯 음식들이 놓이거든. 그러다 보면 어느새 입안에 침이 돌고, 마치 상상 속에서 내가 한때 먹었던 음식들을 맛보는 기분이 되지.

　기억하고 기록하는 것은 다시 한번 그 시간을 살게 해 주거든. 과거를 다시 현재로 데려올 수 있어. 그게 기록의 힘이지. 글로 표현하다 보면 기억이 하나씩 살아나듯, 그

동안 내가 먹었던 것들이 내 입속에서 그 맛이 하나씩 살아나지?

 그래, 나는 이렇게라도 해서 맛있는 음식을 다시 맛보고 싶을 만큼 먹는 걸 아주 좋아해.

 사람들은 나를 탐식가라 불렀어. 뭐 나도 그 점을 부인하지는 않아. 점잖은 유교 사회에서 먹는 걸 밝히는 사람은 경망스러운 사람으로 분류됐거든. 그래서 날 경망스럽다, 탐욕스럽다고 손가락질하는 사람들도 있었지. 그저 난 솔직했을 뿐인데 말이야. 맛있는 거 싫어하는 사람이 있어?

 사실 말이야. 난 음식 욕심이 많긴 해. 어느 고을에서 관직을 맡을 것인가 선택할 때도 내 기준은 음식이었어.

 "그 지역은 바닷가에 있어 궁벽하기는 하나 생선과 게가 풍부하니 그곳으로 가고 싶은 마음 간절합니다."

 "그곳은 새우 맛도 좋지 않고, 게도 살이 실하지가 않습니다. 먹을 것만 탐하는 사람으로서는 굶어 죽기 딱입

니다."

"사람들이 이 지역에 작은 방어와 준치가 많이 난다고 하여 이곳으로 유배지를 원했던 것입니다. 그런데 금년 봄에는 전혀 없으니 역시 운수가 나쁩니다."

내가 사람들에게 보낸 편지 곳곳에는 내가 얼마나 맛있는 음식을 쫓아다녔는지 알 수 있는 문장들이 많아. 그러나 이제 그런 것들이 다 소용없으니 글로 기록해 볼 뿐이지.

기록한 책의 제목을 뭐로 할까 곰곰이 생각하다가 이렇게 지었어, 〈도문대작〉. '고깃간 앞에서 입을 쩍 벌리고 질겅질겅 고기 씹는 척하다'라는 뜻이야. 고깃간 앞을 지나면서도 고기를 사먹지 못하니 입을 쩍 벌린 채 고기 씹는 시늉이라도 한다는 거지. 우걱우걱 질겅질겅 씹는 척하다 보면 진짜 고기 맛이 나는 것 같기도 하고 말이야.

이 책은 단순히 옛날의 맛난 밥상을 먹어 보고 싶은 마음에서 쓴 것만은 아니야. 이렇게 기록함으로써 조선의 음

식을 문서로 남길 수 있게 되니 뭐 나름 괜찮은 일이라는 생각이 든 거지. 나만큼 두루두루 먹어 본 사람이 없을 테니, 내가 잘 쓸 수 있겠다는 생각도 들고 말이지.

지역 음식을 보면 그 지역의 지리와 특성도 알 수 있어. 팔도에서 특색 있는 음식을 보니, 서울에서는 약과와 과자와 떡, 개성은 엿, 경주는 약밥, 강릉은 방풍죽, 함경도는 산갓김치, 평안도 의주의 만두, 전주의 생강, 충주의 동아, 제주도의 귤, 서해의 민어, 준치, 조기, 동해의 가자미, 남해의 홍합, 제주의 전복, 한강의 숭어와 웅어가 맛있지. 각 도에서 가장 맛있다고 했던 음식들은 임금님 밥상에도 진상되어 올라갔고 말이야.

나는 매일매일 글을 기록하고, 내가 적은 음식을 고깃덩어리처럼 질겅질겅 씹으며 생각해. 권력의 자리에서 최고의 음식을 먹을 때는 입은 즐거웠지만, 마음은 괴로운 날이 많았지. 권력의 자리에서 서로 끌어내리려고 험담하고

경쟁하는 사람들 때문에 말이야. 지금은 질경질경 먹는 시늉만 할 뿐이나 마음은 한가로워. 배부른 괴로움보다 마음에 평화가 있는 편이 낫지 않나 하는 생각도 들고 말이야.

이렇게 마음의 평화가 있을 때가 가장 나다운 글을 쓸 수 있겠지? 그렇다면 조선의 음식을 기록한 나의 책이 가장 나다운 글이 아닐까, 내 마음이 제일 한가로울 때 쓴 글이니 말이야.

인생의 여러 맛을 본 뒤에, 이렇게 유배지에서 '자기 맛'을 내는 문장을 쓰고 있는 게 나쁘지만은 않아. 나만의 맛이 나는 삶을 살고, 나만의 맛이 나는 문장을 쓸 수만 있다면 말이야.

도움받은 책

〈고전 산문 산책〉 안대회 지음, 휴머니스트

〈고추장 작은 단지를 보내니〉 박지원 지음, 박희병 옮김, 돌베개

〈김만덕〉 이경채 지음, 나무처럼

〈나는 껄껄 선생이라오〉 박지원 지음, 홍기문 옮김, 보리

〈나는 모든 것을 알고 싶다〉 이익 지음, 김대중 옮김, 돌베개

〈누추한 내 방〉 허균 지음, 김풍기 옮김, 태학사

〈뜬세상의 아름다움〉 정약용 지음, 박무영 옮김, 태학사

〈바다를 품은 책 자산어보〉 손택수 지음, 아이세움

〈삶과 문명의 눈부신 비전 열하일기〉 박지원 원저, 고미숙 지음, 작은길

〈삶을 바꾼 만남〉 정민 지음, 문학동네

〈연암 박지원의 글 짓는 법〉 박수밀 지음, 돌베개

〈연암집〉 박지원 지음, 신호열·김명호 옮김, 돌베개

〈열하일기〉 박지원 원저, 허경진 지음, 현암사

〈유배지에서 보낸 편지〉 정약용 지음, 박석무 옮김, 창비

〈일득록〉 남현희 엮음, 문자향

〈정조의 생각〉 김문식 지음, 글항아리

〈책에 미친 바보〉 이덕무 지음, 권정원 옮김, 미다스북스

〈현산어보를 찾아서 1~5〉 이태원 지음, 청어람미디어

밥상에 차려진 어린이 인문학
이토록 따뜻한 밥

초판 1쇄 발행 2024년 7월 30일 | 초판 2쇄 발행 2025년 5월 23일
글 김주현 | 그림 홍선주 | 책임편집 전소현 | 편집 김연희 | 디자인 달·리크리에이티브
펴낸이 전소현 | 펴낸곳 만만한책방 | 출판등록 2015년 1월 8일 제 2015-000008호
주소 서울시 마포구 토정로 222 한국출판콘텐츠센터 305호 | 전화 070-5035-1137 | 팩스 0505-300-1137
전자우편 manmanbooks@hanmail.net | 인스타그램 instagram.com/manmani0401

ISBN 979-11-89499-67-9 73910
ⓒ 김주현, 홍선주 2024

이 도서는 한국출판문화산업진흥원의 출판콘텐츠 창작 자금 지원 사업의 일환으로 국민체육진흥기금을 지원받아 제작되었습니다.

이 책은 저작권법에 따라 한국에서 보호받는 저작물이므로 무단전재와 무단복제를 금지하며, 이 책 내용의 전부 또는 일부를 이용하려면
반드시 저작권자와 만만한책방의 서면 동의를 받아야 합니다. 잘못된 책은 바꾸어 드립니다. 책값은 뒤표지에 있습니다.
이 책은 2019년 출간된 《나랑 같이 밥 먹을래?》 개정판입니다.

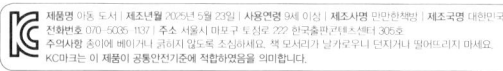